BOEKANALYSE

AF131753

The Great Gatsby

FRANCIS SCOTT FITZGERALD

BOEKANALYSE

Geschreven door Éléonore Quinaux
Vertaald door Nikki Claes

The Great Gatsby

FRANCIS SCOTT FITZGERALD

F. SCOTT FITZGERALD

AMERIKAANSE SCHRIJVER

- **Geboren in Saint Paul (Minnesota) in 1896.**
- **Overleden in Hollywood (Californië) in 1940.**
- **Opmerkelijke werken:**
  - *This Side of Paradise* (1920), roman
  - *The Beautiful and the Damned* (1922), roman
  - *Tender Is the Night* (1934), roman

Francis Scott Key Fitzgerald, beter bekend als F. Scott Fitzgerald, werd vlak voor het begin van de 20ste eeuw geboren in een Iers katholiek gezin. Hij studeerde aan Princeton University, hoewel hij nooit afstudeerde, en nam later dienst in het leger om te vechten in de Eerste Wereldoorlog. Hij werd een van de belangrijkste Amerikaanse romanschrijvers van de 20ste eeuw, wiens romans vooral bekend staan om de manier waarop ze de geest van de "Roaring Twenties" weergeven.

Zijn debuutroman, *This Side of Paradise* (1920), leverde hem genoeg erkenning op om zijn korte verhalen te gaan publiceren in prestigieuze tijdschriften als *The Saturday Evening Post*, en hij werd gezien als een van de figuren die het meest de "American Dream" van de jaren twintig belichaamden. Hij en zijn vrouw Zelda Sayre, die een van de belangrijkste mensen in zijn leven was en als inspiratie diende voor een aantal van zijn fictieve personages, verhuisden in 1924 naar de

Franse Rivièra. Tijdens zijn verblijf daar voltooide hij het schrijven van de roman die algemeen als zijn meesterwerk wordt beschouwd: *The Great Gatsby* (1925). De roman speelt zich af in het tijdperk van de drooglegging, en vertelt het verhaal van een smokkelaar die een valse aristocratische identiteit creëert en die gebruikt om naar de top van de sociale ladder te klimmen, wat hem de vrijheid geeft zich over te geven aan allerlei vormen van decadentie, voordat hij vervaagt en een geest wordt in zijn eigen landhuis terwijl hij al zijn geld en energie steekt in pogingen om het hart van Daisy Buchanan te veroveren.

Fitzgerald schreef nog twee romans: *Tender Is the Night* (1934), de laatste van zijn romans die tijdens zijn leven werd gepubliceerd, en *The Last Tycoon* (1941), die hij nooit voltooide en postuum werd gepubliceerd. De laatste roman is een verkenning van de donkere kant van Hollywood – waar Fitzgerald goed mee bekend was, omdat hij in de jaren voor zijn dood werkte als scenarioschrijver zonder vergoeding.

THE GREAT GATSBY

HET AFBROKKELEN VAN DE AMERIKAANSE DROOM

- **Genre:** roman

- **Referentie uitgave:** Fitzgerald, F. S. (1992) *The Great Gatsby*. Ware: Wordsworth.

- **1e editie:** 1925

- **Thema's:** het verleden, dromen, symbolen, de Amerikaanse Droom, de Roaring Twenties, nostalgie, macht, geld, liefde, hebzucht, racisme

De romans van Fitzgerald behoren tot de beroemdste literaire kronieken van de jaren 1920 in de VS, en met name *The Great Gatsby wordt* gezien als een van de belangrijkste romans uit de "Jazz Age", een periode waarin de Amerikaanse samenleving stabieler en welvarender was dan ooit tevoren (totdat de Grote Depressie deze situatie enkele jaren later volledig omkeerde). De opgetogenheid over het winnen van de Eerste Wereldoorlog was nog niet verdwenen, en het verbod op de verkoop en consumptie van alcohol bood smokkelaars de kans om enorme winsten binnen te halen in de marge van de samenleving, waardoor een ondergrondse subcultuur ontstond waar feesten, gokken en plezier maken de enige dingen waren die ertoe deden. *The Great Gatsby* speelt zich af tegen deze achtergrond, en Fitzgeralds personages moeten voortdurend vechten tegen hun verlangens naar een wild, decadent leven, wat hun bestaan uiteindelijk reduceert tot een zinloze strijd om de schijn op te houden en het holle streven naar materialisme. In de wereld van *The Great Gatsby* is dit de realiteit van de Amerikaanse Droom.

SAMENVATTING

DE OPKOMST VAN JAY GATSBY

De belangrijkste thema's en ideeën in de roman zijn nauw verbonden met de manier waarop het karakter van Jay Gatsby zich in de loop van het verhaal ontwikkelt. Alles wat we weten over het leven en de persoonlijkheid van Gatsby wordt echter gefilterd door het perspectief van Nick Carraway, de verteller. Dit is van grote invloed op het begrip van de lezer van de roman, omdat we een aantal keren gaan twijfelen aan de juistheid van het verslag dat we lezen – niet noodzakelijkerwijs vanwege de manier waarop Nick de gebeurtenissen in kwestie beschrijft, maar vanwege zijn mening over Gatsby, omdat hij vaak te veel genegenheid voor Gatsby lijkt te koesteren om objectief over hem te kunnen spreken.

De allereerste regels van de roman laten zien hoe subjectief Nicks standpunt is:

> *"In mijn jongere en meer kwetsbare jaren gaf mijn vader me een advies dat ik sindsdien in mijn hoofd heb gedraaid.*
>
> *"Wanneer je het gevoel hebt iemand te willen bekritiseren," zei hij me, "bedenk dan dat alle mensen in deze wereld niet de voordelen hebben gehad die jij hebt gehad.""* (p. 3)

Interessant genoeg wordt de betekenis van deze openingsregels duidelijker naarmate we meer van het boek lezen en kennismaken met Nick en de andere personages, waaronder Daisy Buchanan en haar agressieve echtgenoot Tom. Nick lijkt ons te waarschuwen dat het gemakkelijk voor ons is om deze personages te beoordelen, aangezien ze over het algemeen onaangenaam overkomen, hoewel het onduidelijk is of dit al dan niet zijn bewuste bedoeling is.

De roman speelt zich af in New York in de jaren twintig, een tijd waarin de verkoop en consumptie van alcohol in de Verenigde Staten verboden was. De Buchanans wonen in East Egg, een van de meest mondaine wijken op Long Island, terwijl Nick in West Egg woont, een iets minder glamoureuze wijk die tegenover East Egg ligt. Hoewel beide wijken zeer chique zijn, geniet East Egg een meer verfijnde reputatie omdat de inwoners meestal uit "oud geld" bestaan, in plaats van de "nieuw geld" personen die pas onlangs hun fortuin hebben gemaakt en naar West Egg zijn getrokken.

Jay Gatsby is een zeer rijke maar mysterieuze man die in een enorm herenhuis naast het huis van Nick woont, en die 's avonds veel tijd doorbrengt in zijn tuin, starend over de baai naar een gloeiend groen licht in East Egg .

Gatsby geeft elke zaterdagavond wilde feesten bij hem thuis, en iedereen is welkom om de dronken feesten bij te wonen. De extreme decadentie van deze feesten, met zelfs een live jazzband, wekt bij elke gast nieuwsgierigheid op naar de bron van Gatsby's rijkdom, die in de eerste hoofdstukken van de roman ook voor de lezer een mysterie is. Gatsby's zakelijke transacties lijken enigszins schimmig, net als zijn bewering dat hij naar de universiteit van Oxford is gegaan, en zijn positie in de maatschappij blijft altijd onduidelijk. Aanvankelijk is de enige manier waarop de lezer het karakter van Gatsby leert kennen de extravagante feestjes die hij geeft, maar zoals veel andere aspecten van de roman – met name ook de mening van Nick over Gatsby – dienen deze feestjes twee tegenstrijdige functies: ze beantwoorden tegelijkertijd onze vragen over Gatsby en roepen nieuwe twijfels op over zijn leven en verleden.

Tijdens een gesprek met Jordan Baker, een vrouw met wie Nick een relatie begint, onthult zij dat Daisy en Gatsby minnaars waren voordat hij vertrok om in de oorlog te vechten en Daisy met Tom trouwde. Op dit punt in de roman wordt Gatsby's belangrijkste doel onthuld: Daisy vinden en haar terugwinnen. Al zijn andere ideeën, doelen en overtuigingen komen voort uit dit ene, overkoepelende doel, dat ook dient als metafoor voor de Amerikaanse Droom en wordt gesymboliseerd door het gloeiende groene licht aan het eind van Daisy's dok, waar Gatsby voortdurend naar kijkt. Deze weergave van een complex, abstract concept door middel van een veel eenvoudiger idee is zeer kenmerkend voor Fitzgeralds stijl, met name in *The Great Gatsby*.

GATSBY'S ONDERGANG

Nick regelt een ontmoeting tussen Gatsby en Daisy, zodat ze hun vroegere liefdesrelatie nieuw leven kunnen inblazen. Alles lijkt soepel te verlopen, en Gatsby wint geleidelijk Daisy's hart terug – en alles waar zij voor hem voor staat, namelijk succes, geld en klasse. De zaken nemen echter een wending wanneer Gatsby Daisy's echtgenoot Tom ontmoet, die het verleden van Gatsby begint te onderzoeken en uiteindelijk de waarheid over hem te weten komt: dat hij uit een arm gezin komt en zijn fortuin te danken heeft aan een rijke oude man, Dan Cody, die hem alles leerde over smokkelen, waardoor hij duizelingwekkende bedragen kon verdienen met de verkoop van alcohol op de zwarte markt. Terwijl de problemen van Gatsby zich beginnen te vermenigvuldigen, begint de façade van de Amerikaanse Droom af te brokkelen en onthult het zijn ware gezicht (althans volgens de verteller en, bij uitbreiding, de auteur). Onder de oppervlakkige glitter en glamour blijkt de Amerikaanse Droom leeg en betekenisloos:

> *"Ik dacht aan Gatsby's verwondering toen hij voor het eerst het groene licht zag aan het eind van Daisy's dok. Hij had een lange weg afgelegd naar dit blauwe grasveld, en zijn droom moet zo dichtbij hebben geleken dat hij hem nauwelijks kon missen. Hij wist niet dat het al achter hem lag, ergens in die enorme duisternis achter de stad."* (p. 115)

De belangrijkste scène in de roman vindt plaats in een hotelkamer in het centrum van New York. In deze scène maken Tom en Gatsby ruzie over wie het "recht" heeft om bij Daisy te zijn, en wordt onthuld dat Gatsby een smokkelaar is. Het thema sociale klasse, dat door de hele roman loopt, is nooit duidelijker dan in deze scène, als Daisy zich realiseert dat ze het niet kan opbrengen Tom te verlaten en een schandaal over zichzelf af te roepen. De meest schokkende wending van de roman moet echter nog komen: terwijl Daisy en Gatsby samen in Gatsby's auto terugrijden over Long Island, wordt Toms geliefde Myrtle door de auto geraakt en gedood. Dit is het moment waarop de ware aard van de personages wordt onthuld: Gatsby, de ontmaskerde charlatan, geeft aan Nick toe dat Daisy degene was die reed ten tijde van het ongeluk, maar zegt dat hij de schuld op zich zal nemen. Ondertussen bezegelt Tom Gatsby's lot door Myrtle's echtgenoot George te vertellen waar hij de man kan vinden die zijn vrouw zou hebben vermoord, en George schiet Gatsby neer voordat hij zelfmoord pleegt.

Op de een of andere manier komt de dood van Gatsby niet als een schok voor de lezer – hoe had deze droom anders kunnen eindigen? Elk element van het verhaal lijkt te zijn bedacht om te suggereren dat Gatsby's droom voorbestemd was om in duigen te vallen: het verhaal speelt zich bijvoorbeeld voornamelijk af in de tweelinglocaties East Egg en West Egg, die voortdurend met elkaar in conflict lijken te zijn. Het lot van Tom en Daisy is het meest verrassende aspect van het einde van de roman, aangezien zij gewoon teruggaan naar hun oude leven en relatie met schijnbare onverschilligheid. Ondertussen beëindigt Nick zijn relatie met Jordan en regelt Gatsby's begrafenis, waar bijna geen gasten zijn – zelfs Daisy niet – behalve Nick en een vreemde man die Gatsby's vader blijkt te zijn, die ons enig inzicht geeft in Gatsby's jeugd, en onthult dat de rijkdom die hij verwierf de vervulling was van een jeugddroom. Het gebrek aan aanwezigen op de begrafenis staat in schril contrast met de menigte die naar Gatsby's huis kwam voor zijn feestjes. Als de roman ten einde loopt, staat Nick in de tuin, starend over het water van de baai naar het groene licht aan het eind van Daisy's tuin, en piekert over de kracht van nostalgie en het aangeboren menselijke verlangen om het verleden te herhalen: "Dus we varen verder, boten tegen de stroom in, onophoudelijk teruggevoerd naar het verleden" (p. 115).

KARAKTERSTUDIE

NICK CARRAWAY

Nick is de verteller van de roman. Hij komt uit het Amerikaanse Midwesten, bezocht de Yale University en vocht in de Eerste Wereldoorlog. Wanneer de roman begint, is hij 29 jaar oud en net verhuisd naar West Egg, waar hij een klein huis heeft gehuurd naast het landhuis van Jay Gatsby. Later in de roman wordt hij 30 jaar. Door zijn optimistische, gereserveerde en tolerante aard kiezen mensen wier geheimen hen in de weg zitten er vaak voor om hem in vertrouwen te nemen. Zo fungeert hij als tussenpersoon tussen Gatsby en Daisy, en via hem blazen ze hun romance nieuw leven in. Dit weerspiegelt de manier waarop het hele verhaal wordt gefilterd door zijn soms sarcastische gedachten en waarnemingen.

JAY GATSBY

Het karakter van Jay Gatsby zou gebaseerd zijn op de waargebeurde figuur Max von Gerlach, die zich in dezelfde New Yorkse sociale kringen bewoog als Fitzgerald en na zijn diensttijd in de Eerste Wereldoorlog zijn fortuin maakte door te smokkelen. Hoe dan ook, Gatsby is een jonge miljonair uit North Dakota die in een gotisch herenhuis in West Egg woont en berucht is voor het geven van verbazingwekkend extravagante feesten elke zaterdagavond. Niemand weet echter waar hij vandaan komt of hoe hij aan zijn fortuin is gekomen. De bron van zijn rijkdom blijkt later zijn betrokkenheid bij de illegale handel in alcohol tijdens de drooglegging te zijn. Hij is geobsedeerd door Daisy Buchanan, die hij ontmoette tijdens zijn dagen als officier in de Eerste Wereldoorlog. Na de oorlog studeert hij korte tijd aan het Trinity College in Oxford. Zijn verhaal wordt geleidelijk onthuld naarmate Nick dichter bij hem komt en zijn vertrouwen wint. Nicks mening over Gatsby is innerlijk tegenstrijdig: hij vindt hem oneerlijk, smakeloos en volkomen gewetenloos als het om geld gaat, maar hij koestert ook diepe bewondering voor hem omdat hij in staat is zijn dromen waar te maken. Deze kwaliteit maakt Gatsby "groots".

DAISY BUCHANAN (NÉE FAY)

Het personage van Daisy is deels gebaseerd op Fitzgeralds vrouw, Zelda. Zij is een aantrekkelijke jonge vrouw uit een aristocratische familie, en ze is dan ook opgegroeid omringd door de luxe van de high society. Nick Carraway is haar achterneef.

Ondanks haar bevoorrechte positie wordt Daisy geplaagd door twijfels en onzekerheid: hoewel ze getrouwd is, voelt ze zich aangetrokken tot Gatsby, met wie ze een relatie had voordat hij overzee ging om te vechten in de Eerste Wereldoorlog. Ze beloofde op hem te wachten, maar verbrak deze belofte uiteindelijk in 1919 door te trouwen met Tom Buchanan, een jongeman uit een rijke aristocratische familie. De roman draait grotendeels om haar tegenstrijdige verlangens naar Gatsby en Tom. Sinds 1919 heeft Gatsby al zijn energie gestoken in zijn zoektocht om Daisy terug te winnen – zijn obsessie voor haar was zelfs de reden waarom hij aanvankelijk betrokken raakte bij criminele activiteiten om zijn fortuin te maken. Gatsby idealiseert haar vanwege haar gratie, verfijning en sociale status, en begeert deze kwaliteiten sinds hij haar voor het eerst ontmoette in North Dakota. Daarom is het terugwinnen van Daisy zijn ultieme droom en doel in het leven geworden.

Hoewel Gatsby's beeld van Daisy niet noodzakelijk onjuist is, merkt Nick op dat het op zijn minst onvolledig is, omdat het de minder aangename aspecten van haar persoonlijkheid weglaat, want ze is ook oppervlakkig, grillig en onverschillig; in feite vertelt haar toespraak over haar pasgeboren dochter ons veel over haar eigen persoonlijkheid: "Ik ben blij dat het een meisje is. En ik hoop dat ze een dwaas zal zijn – dat is het beste wat een meisje in deze wereld kan zijn, een mooie kleine dwaas" (p. 13). Nick beschrijft haar als iemand die nergens echt om geeft, en die denkt dat geld elk probleem dat het leven haar voorschotelt kan oplossen, zoals blijkt wanneer ze uiteindelijk Tom verkiest boven Gatsby, en er wordt vaak gezinspeeld op haar oppervlakkige aard:

> "Soms praatten zij en juffrouw Baker tegelijk, onopvallend en met een schertsende inconsequentie die nooit echt geklets was, die even koel was als hun witte jurken en hun onpersoonlijke ogen in de afwezigheid van elk verlangen." (p. 10)

TOM BUCHANAN

Tom is de echtgenoot van Daisy. Hij komt uit een aristocratische familie en is zeer rijk, wat hem extreem arrogant heeft gemaakt. Door de ogen van Nick is hij racistisch en seksistisch, en hij kan Daisy's ontrouw met Gatsby niet accepteren, ook al heeft hij zelf een buitenechtelijke affaire met Myrtle; hij plant er zelfs een confrontatie over. Hij kan een mislukking niet verdragen, en kan het niet verdragen als de dingen niet gaan zoals hij wil. Het lijkt er dan ook op dat de dingen in de roman uiteindelijk uitpakken zoals hij dat wil, want Daisy kiest uiteindelijk voor de voordelen van geld en klasse die hij haar kan bieden, zelfs nadat Gatsby haar een tweede kans in het leven geeft door voor haar op te draaien wanneer zij het ongeluk veroorzaakt dat Myrtle doodt.

JORDAN BAKER

Jordan is een vriendin van Daisy, en begint een relatie met Nick. Ze is erg competitief en egoïstisch, en vertegenwoordigt een deel van de vrouwen van de jaren twintig die, ondanks dat ze niet actief streden voor gelijke rechten voor vrouwen, zich probeerden te gedragen als mannen. Met andere woorden, ze probeerden toegang te krijgen tot de privileges die de misogynistische wereld waarin ze leefden gewoonlijk voor mannen reserveerde, zonder iets te doen om deze onderdrukkende patriarchale structuren af te breken. Ze wordt beschreven als mooi en is een volleerd leugenaar die de waarheid naar haar hand kan zetten.

MYRTLE WILSON

Myrtle is de minnares van Tom, en haar man is eigenaar van een garage in de "vallei van de as". Nick zegt dat er "een onmiddellijk waarneembare vitaliteit over haar is" (p. 18), en ze is vastbesloten haar sociale status te verbeteren. Tom behandelt haar echter als niets meer dan een object.

GEORGE WILSON

George is Myrtle's echtgenoot en houdt zielsveel van haar, dus hij is er kapot van als hij ontdekt dat ze een affaire heeft. Zijn jaren als eigenaar van een garage hebben hem wereld-moe gemaakt en hij raakt in een spiraal van wanhoop als Myrtle wordt vermoord. Hij vertoont bepaalde overeenkom-sten met Gatsby en met Fitzgerald zelf, want alle drie stortten ze alles wat ze hadden in romances die uiteindelijk tot hun ondergang leidden.

MEYER WOLFSHEIM

Meyer Wolfsheim is een vriend van Gatsby en is een hoogge-plaatste figuur in de wereld van de georganiseerde misdaad. Hij hielp Gatsby zijn fortuin te maken tijdens de drooglegging, en zijn voortdurende contact met Gatsby doet vermoe-den dat zij beiden nog steeds betrokken zijn bij illegale transacties.

ANALYSE

FORMULIER

Structuur

The Great Gatsby is een korte roman die negen hoofdstukken telt, en de opkomst en ondergang van het titulaire personage, Jay Gatsby, in kaart brengt, wat een metafoor is voor de manier waarop de Amerikaanse Droom in de jaren twintig in stof uiteenviel. Het grootste deel van de roman speelt zich af op twee locaties die aan het begin van de roman worden vastgesteld: West Egg en East Egg. Deze twee buurten en de contrasterende ideeën, waarden en kwaliteiten die zij vertegenwoordigen, zijn gedurende de hele roman voortdurend met elkaar in conflict.

Het belangrijkste conflict in de roman draait om het fortuin dat Gatsby illegaal heeft vergaard als onderdeel van zijn vergeefse zoektocht om Daisy's genegenheid terug te winnen. Hij kan echter niet echt ontsnappen aan zijn mysterieuze verleden, en uiteindelijk kiest Daisy altijd voor Tom (en de upper-class sociale kring die hij vertegenwoordigt, waar Gatsby wanhopig deel van wil uitmaken), eerst door met hem te trouwen in plaats van op Gatsby te wachten, en vervolgens door naar hem terug te gaan na haar affaire met Gatsby. De kern van deze verhaallijn is te vinden in de hoofdstukken 5 en 6, waarin Daisy en Gatsby worden herenigd, en komt tot een hoogtepunt in hoofdstuk 7, waarin Tom Gatsby confronteert in een kamer in het Plaza Hotel. Door zo'n cruciale scène op deze weelderige locatie neer te zetten, is Fitzgerald in staat een portret te schetsen van de belangrijkste zorgen die de Amerikaanse samenleving in de jaren twintig vormden, namelijk de endemische oppervlakkigheid, decadentie en smaak voor luxe die in dat decennium door de natie trokken.

Stijl en taal

Gatsby is bereid alles te doen om Daisy terug te winnen, wat een metafoor is voor de moeite die mensen doen om de Amerikaanse Droom te bereiken. Gatsby blijkt Daisy echter ook te idealiseren, wat in de schrijfstijl wordt benadrukt door de toevoeging van enkele elegante versieringen in de opbouw, hoewel Fitzgeralds stijl over het algemeen realistisch en direct is. Evenzo verzandt het proza nooit in complexe retoriek, hoewel Fitzgerald een aantal gewichtige thema's aansnijdt in zijn analyse van de grote maatschappelijke vraagstukken in de jaren twintig. Integendeel, hij maakt slim gebruik van specifieke metaforen om veel complexere concepten over te brengen en te verkennen – al wil dat niet zeggen dat de metaforen zelf simplistisch of niet complex zijn.

Ook Nick's verhaal is altijd enigszins dubbelzinnig van aard, en kan soms zelfs tegenstrijdig zijn: terwijl hij op sommige momenten Gatsby's daden, decadentie en gebrek aan moreel kompas lijkt te veroordelen, zijn er een aantal passages in de roman waarin hij zijn aanzienlijke bewondering voor de smokkelaar uitdrukt. Deze passages echoën en benadrukken Nicks waardering voor Gatsby door een meer nostalgische toon aan te slaan.

Aardrijkskunde

In *The Great Gatsby* worden verschillende geografische gebieden gebruikt om verschillende aspecten van de Noord-Amerikaanse samenleving in de jaren twintig te personifiëren. New York wordt bijvoorbeeld afgeschilderd als een stad die volledig verstoken is van moraal en remmingen, waar cynisme en ondeugd hoogtij vieren en de bevolking alleen maar op zoek is naar plezier en rijkdom tegen elke prijs en met alle mogelijke middelen. Plattelandsgebieden zoals Minnesota worden daarentegen afgeschilderd als bastions van traditionele waarden die niets dan minachting koesteren voor de generatie van het "nieuwe geld", die er alleen maar op uit is zo snel mogelijk rijk en machtig te worden. Ten slotte plaatst de roman twee verschillende regio's van New York tegenover elkaar: de selfmade miljonairs van West Egg pronken met hun rijkdom en decadentie, terwijl de conservatieve aristocraten van East Egg wegkwijnen in de rigide beperkingen van hun oppervlakkige, holle leven.

THEMA'S

De Amerikaanse Droom

The Great Gatsby is een diepgaand onderzoek naar de Roaring Twenties in de Verenigde Staten, en een van de interessantste aspecten van de roman is het gebruik van specifieke metaforen om te illustreren hoe het idee van de Amerikaanse Droom in de loop van dit decennium begon af te brokkelen. Terwijl de roman Gatsby's obsessieve zoektocht volgt om Daisy's genegenheid terug te winnen, verkent het ook de bepalende kenmerken van een tijdperk gevormd door decadentie en ongekende welvaart door middel van een cast van personages die elk excuus voor een uitbundig feest aangrijpen en wiens dorst naar macht, geld en onmiddellijke bevrediging onverzadigbaar is.

Fitzgerald gebruikt twee schijnbaar tegengestelde perspectieven om het thema van de vernietiging van de Amerikaanse Droom te onderzoeken: de leden van de gevestigde aristocratie, die in East Egg wonen, en de brutale sociale klimmers van West Egg, zoals Gatsby, die ogenschijnlijk de Amerikaanse Droom hebben bereikt door hun eigen fortuin te maken. Hoewel de aristocratie van oudsher als inherent superieur werd beschouwd, wordt aangetoond dat het niet wenselijker is om uit het 'oude geld' te komen dan je eigen fortuin te maken en je aan te sluiten bij de rangen van het 'nieuwe geld', aangezien de personages met een aristocratische achtergrond worden afgeschilderd als ijdel, oppervlakkig en wreed. Gatsby's bepalende kwaliteiten zijn daarentegen positief, namelijk loyaliteit en beschermingsdrang tegenover de mensen om wie hij geeft (zelfs als ze niet tot dezelfde sociale klasse behoren als hij). Deze beschermingsdrang drijft hem ertoe om geduldig tot 4 uur 's ochtends tegenover Daisy's huis te wachten om er zeker van te zijn dat Tom haar niet mishandelt (hoofdstuk 8).

Fitzgerald maakt de zaken echter niet te simpel en gebruikt deze kwaliteiten om zijn personages complexiteit en diepte te geven: zo leidt Gatsby's goede hart uiteindelijk tot zijn dood, omdat hij weigert Daisy de verantwoordelijkheid te laten nemen voor het ongeluk waarbij Myrtle om het leven kwam, en in plaats daarvan wil beweren dat het zijn schuld was. In zekere zin zou je kunnen zeggen dat de leden van de twee tegenover elkaar staande sociale klassen in de roman elk kwaliteiten bezitten die de andere kant mist, maar in plaats van elkaar aan te vullen, blijken ze elkaar te vernietigen – en de Amerikaanse Droom, gesymboliseerd door Gatsby, is een van de slachtoffers van dit conflict.

Weer

De toon en het verhaal van de roman worden vaak verpersoonlijkt of aangevuld door het weer. Dit wekt de indruk dat elk element van de roman in harmonie samenwerkt, en dat het universum samenspant om ervoor te zorgen dat de gebeurtenissen op een bepaalde manier plaatsvinden, in plaats van op een andere manier. In plaats van alleen maar bij te dragen aan de sfeer van de roman, fungeren deze beschrijvingen van het weer als aanwijzingen die de lezer iets onthullen. Bijvoorbeeld, wanneer Gatsby wordt vermoord door Wilson, zwemt hij in zijn zwembad op de eerste dag van de herfst, ondanks de sterke wind die waait. In de literatuur wordt wind vaak gebruikt als symbool van verandering, en de lezer kan daarom intuïtief aanvoelen dat het lot van Gatsby op het punt staat onherroepelijk te worden gekeerd.

Symboliek

The Great Gatsby bevat een aantal terugkerende motieven die kunnen worden geïnterpreteerd als symbolen die staan voor meer abstracte ideeën of concepten. Hoewel deze mogelijke interpretaties slechts subjectieve interpretaties zijn van de mogelijke betekenissen van deze objecten en niet als definitief moeten worden beschouwd, stellen zij de lezer in staat meer inzicht te krijgen in Fitzgeralds portrettering van de jaren 1920.

Een uitstekend voorbeeld van deze symbolen is het groene licht aan het eind van de steiger in Daisy's tuin. Vanaf het allereerste hoofdstuk van de roman gebruikt Gatsby dit licht als een soort gids door de duisternis. Dit licht zou daarom twee mogelijke symbolische betekenissen kunnen hebben: ten eerste zou het een semi-letterlijke weergave kunnen zijn van Gatsby's zoektocht om Daisy te vinden en terug te winnen. Anderzijds zou het een meer metaforisch symbool kunnen zijn van het verlangen om de Amerikaanse Droom te bereiken.

De vallei van as tussen West Egg en New York City kan worden geïnterpreteerd als een metafoor voor de leegte en verspilling die het gevolg waren van de decadentie en het ongebreidelde genotzuchtige streven dat de Jazz Age kenmerkte. Maar het kan ook worden geïnterpreteerd als sociaal commentaar op de enorme kloof tussen de losbandige levensstijl van de rijken en de armoede van de armere burgers in de samenleving, zoals belichaamd door George Wilson, wiens leven tussen de assen hem van vitaliteit lijkt te hebben beroofd.

In de vallei van de as liggen ook de ogen van dokter T.J. Eckleburg: een oud, versleten reclamebord met daarop een enorm paar blauwe ogen achter een bril. Hoewel deze ogen zouden kunnen worden geïnterpreteerd als een metafoor voor God, lijkt Fitzgerald te suggereren dat de objecten en symbolen in de roman alleen betekenis kunnen krijgen door de personages zelf. Met andere woorden, het verband tussen deze ogen en God bestaat alleen in de geest van George Wilson. Deze symbolen zouden volstrekt betekenisloos zijn als de complexe personages in de roman niet voortdurend metaforen zagen in de wereld om hen heen; in plaats daarvan zouden ze louter beschrijvende versieringen lijken die van geen enkel werkelijk belang zijn. De macht die de personages krijgen door hun vermogen betekenis te geven aan deze objecten kan echter ook worden gezien als een verkapte knipoog naar de lezer en de rol die zij spelen bij het lezen van de roman, aangezien hun begrip van de roman de betekenis ervan aanvult en herdefinieert. Dit idee wordt tot op zekere hoogte uitgediept in hoofdstuk 8, wanneer Nick zich Gatsby's laatste gedachten voor zijn dood voorstelt aan de hand van een reeks beelden en symbolen.

Jazz

Jazz speelt een zeer belangrijke rol in de roman, omdat het niet alleen de sfeer van New York in de jaren twintig oproept, maar ook als metafoor dient voor het luie, decadente leven van de rijke bovenlaag. Jazz werd erg populair in New York, en latere varianten van het genre werden sterk beïnvloed door de big bands die in die tijd de populaire muziek domineerden. Deze gestileerde, universele, extravagante muziekstijl sluit perfect aan bij de esthetiek van de roman, de personages die erin worden geportretteerd en de thema's die erin worden uitgediept. Bijvoorbeeld, hoewel Daisy op het eerste gezicht geen extravagant persoon lijkt, laat ze haar beslissingen altijd voornamelijk beïnvloeden door geld, plezier en macht, en denkt ze niet na over de mogelijke gevolgen van haar daden voor anderen (zoals blijkt wanneer Gatsby sterft in een poging haar te beschermen en ze niet eens zijn begrafenis bijwoont, maar gewoon verder gaat alsof er niets gebeurd is).

VERDERE REFLECTIE

ENKELE VRAGEN OM OVER NA TE DENKEN…

- Vanuit Nick's perspectief, wat maakt Gatsby zo "geweldig"?

- Wat voor soort verteller is Nick? Is zijn versie van de gebeurtenissen altijd betrouwbaar?

- Welke rol spelen symbolen volgens de roman in ons leven?

- Hoe zijn de begrippen dromen, geluk en tijd gerelateerd aan het idee van de Amerikaanse Droom en Noord-Amerika als geheel binnen de roman?

- Hoe zijn de locaties in de roman verbonden met de waarden en persoonlijkheden van de personages?

- Vergelijk de karakters van Gatsby en Tom. Hoe lijken ze op elkaar en hoe verschillen ze?

- Hoe worden vrouwen gezien en welke rol spelen zij in de roman?

- Hoe kan de scène over Gatsby's begrafenis geïnterpreteerd worden? Waarom denk je dat niemand zijn begrafenis bijwoonde, ook al waren zijn feestjes zo populair?

VERDER LEZEN

REFERENTIE-UITGAVE

Fitzgerald, F. S. (1992) *The Great Gatsby*. Ware: Wordsworth.

REFERENTIESTUDIES

Barbarese, J. T. (1992) "The Great Gatsby" en de Amerikaanse Droom. *The Sewanee Review*. 100(4), pp. cxxi-cxxiv.

Bryer, J. R. en VanArsdale, N. P. , eds. (2009) *Approaches to Teaching Fitzgerald's* The Great Gatsby. New York: The Modern Language Association of America.

Ellis, J. (1972) De 'Stoddard Lectures' in *The Great Gatsby*. *American Literature*. 44(3), pp. 470-471.

Meehan, A. (2014) Herhaling, ras en verlangen in *The Great Gatsby*. *Journal of Modern Literature*. 37(2), pp. 76-91.

AANBEVOLEN LECTUUR

Bloom, H. , ed. (2003) *F. Scott Fitzgerald's* The Great Gatsby. New York: Chelsea House Publishers.

Bruccoli, M. J., ed. (1985) *New Essays on* The Great Gatsby. New York: Cambridge University Press.

Lehan, R. D. (1969) *F. Scott Fitzgerald and the Craft of Fiction*. Carbondale, Illinois: Southern Illinois University Press.

Turnbull, A. (1962) *Scott Fitzgerald*. New York: Charles Scribner's Sons.

AANPASSINGEN

The Great Gatsby. (1974) [Film]. Jack Clayton. Dir. USA: Paramount.

The Great Gatsby. (2000) [Film]. Robert Markowitz. USA: Granada Entertainment.

The Great Gatsby. (2013) [Film]. Baz Luhrmann. Dir. VS: Warner Bros.

We horen graag van jou! Laat
een reactie achter op jouw online bibliotheek
en deel je favoriete boeken op social media!

De uitgever garandeert de betrouwbaarheid van de gepubliceerde informatie, die echter niet onder zijn verantwoordelijkheid valt.

www.50minutes.com

Master ISBN: 9782808687591
Papier ISBN: 9782808698993
Wettelijk depot: D/2023/12603/1179

Omslag: © Primento

Digitaal ontwerp: Primento, de digitale partner van uitgevers.